ACADÉMIE DU CALVADOS.

FACULTÉ DE DROIT DE CAEN.

ACTE PUBLIC

POUR LA LICENCE.

DE LA SÉPARATION DES PATRIMOINES.

THÈSE

QUI SERA SOUTENUE PUBLIQUEMENT

Le 11 Août 1852, à 3 heures après midi,

DANS LA GRANDE SALLE DE LA FACULTÉ DE DROIT,

PAR

Louis TAVIGNY,

NÉ A BAYEUX (CALVADOS), LE 0 DÉCEMBRE 1830.

CAEN,

CHEZ A. HARDEL, IMPRIMEUR-LIBRAIRE, RUE FROIDE, 2.

AOUT 1852.

ACADÉMIE DU CALVADOS.

FACULTÉ DE DROIT DE CAEN.

ACTE PUBLIC

POUR LA LICENCE.

DE LA SÉPARATION DES PATRIMOINES.

THÈSE

QUI SERA SOUTENUE PUBLIQUEMENT

Le 11 Août 1852, à 3 heures après midi,

DANS LA GRANDE SALLE DE LA FACULTÉ DE DROIT,

PAR

Louis TAVIGNY,

NÉ A BAYEUX (CALVADOS), LE 6 DÉCEMBRE 1830.

CAEN,

CHEZ A. HARDEL, IMPRIMEUR-LIBRAIRE, RUE FROIDE, 2.

JUILLET 1852.

A MON PÈRE.

A MA MÈRE.

A MA GRAND'MÈRE.

DROIT FRANÇAIS.

DE LA SÉPARATION DES PATRIMOINES.

L'ouverture d'une succession est un des faits les plus graves qui préoccupent le législateur. Lorsqu'elle se réalise, de nouveaux droits se manifestent, d'autres s'éteignent ou se modifient; le conflit s'élève entre des intérêts variés et importants. Le défunt laisse une fortune qu'il est nécessaire d'administrer : il a contracté des obligations; et sa mort, brisant le lien qui l'unissait à ses créanciers, tarissant les ressources personnelles sur lesquelles ils avaient compté peut-être, il faut assurer entre leurs mains le patrimoine du débiteur.

Pour atteindre ce but, la loi, par une fiction puissante, transporte la personnalité de celui qui n'est plus sur la tête de l'héritier qui recueillera ses biens. Elle crée un être moral qui survit à la tombe et se perpétue dans la famille du défunt. *Le mort saisit le vif,* telle est la maxime pittoresque de nos vieilles coutumes. Une confusion s'opérera donc entre les biens du successeur et ceux de l'auteur qu'il représente. En même temps, et par une corrélation nécessaire, les obligations du défunt lui deviendront propres, et il n'existera plus qu'une seule personne débitrice pour le tout des créances communes.

Tant que le passif de l'un des patrimoines ainsi réunis n'excède pas la masse de ses valeurs actives, tous les intérêts sont en sécurité, mais si les dettes de la succession dépassent son avoir, l'héritier personnellement tenu de les acquitter, sera poursuivi sur ses biens propres, quoiqu'il n'ait pas contracté directement avec les créanciers. Pour éviter ce danger, la loi lui permet de renoncer, lorsque l'insolvabilité de la succession est manifeste dès l'époque de l'ouverture, d'accepter bénéficiairement, si la fortune du défunt n'est pas clairement liquidée, et s'il y a lieu de craindre, à fin de compte, un déficit pécuniaire.

Supposons, au contraire, les biens de l'héritier grevés au-delà de leur valeur : ses créanciers personnels, venant concourir avec ceux de la succession, absorberont une partie de celle-ci, l'héritier pourra même leur concéder hypothèque sur les immeubles devenus siens par l'acceptation, et il évincera de la sorte ceux qui tiennent leurs droits du défunt lui-même. Il fallait bien aussi venir à leur secours. C'est ce qu'a fait la loi française en leur accordant le droit de distinguer les biens de la succession, de les isoler à leur profit, et de se faire payer de préférence sur le prix.

L'exercice de cette prérogative devait cependant être assujetti à des conditions légales : car l'héritier peut disposer des biens de la succession, et il ne faut pas que les tiers voient leurs droits menacés d'une résolution indéfinie. D'un autre côté, si les créanciers héréditaires ont déjà fait exproprier une partie des biens du successible et qu'ils soient venus concurremment avec ses créanciers personnels enlever à ceux-ci une partie de leur gage, il ne serait pas juste de les laisser encore réclamer par privilège, sur les biens de la succession, l'excédant de leurs créances. De là ces restrictions apportées à la séparation des patrimoines et l'organisation toute spéciale de ce droit.

La séparation des patrimoines tire son origine du droit prétorien. L'ancienne Rome regardait la continuation de la personne du défunt comme l'un de ses dogmes les plus sacrés; c'était un opprobre de mourir sans indiquer celui qui devait occuper sa place vacante au milieu de la Cité, et la succession testamentaire réalisait ce vœu d'une manière plus intime encore que l'hérédité légale. Parmi les successeurs, il y en avait même qui ne pouvaient répudier ce titre; les esclaves auxquels on léguait la liberté n'avaient pas le droit de refuser l'hérédité, s'ils la trouvaient onéreuse; il leur fallait voir les biens de la succession vendus sous leur nom avec leur propre patrimoine.—Les progrès d'une époque plus éclairée amenèrent d'équitables tempéraments. Le préteur autorisa l'esclave à lui demander la séparation de biens, et, s'il continua de représenter le défunt, son avoir personnel fut du moins sauvegardé. — Vers le même temps sans doute, on fit fléchir le principe au profit des créanciers héréditaires. Comme toutes les institutions prétoriennes, la séparation des patrimoines dut être l'œuvre du temps; faveur exceptionnelle dans l'origine, elle s'affermit par l'usage et devint bientôt la règle commune. Au temps d'Ulpien, elle était définitivement constituée; mais elle présentait alors une physionomie particulière qu'il importe de constater. C'était moins un droit propre et original que l'accessoire des poursuites dirigées contre la succession, qu'une voie d'exécution forcée. Il résulte, soit de la place qu'occupe au Digeste le titre *De separationibus*, soit de son économie générale que les biens devaient être mis en vente, avant qu'il fût permis de solliciter le décret prétorien. Le titre qui précède parle de l'envoi en possession des biens, préliminaire souvent indispensable aux recouvrements de créance; celui qui suit détermine les pouvoirs du curateur chargé d'administrer et de vendre au nom des créanciers. C'était entre les deux décrets qui prescrivaient l'une et l'autre mesure que venait se placer la séparation des patrimoines. Plusieurs lois, en effet, et notamment celles qui posent des espèces, renferment cette expression : *Si bona venierunt*. En même temps le Digeste énumère d'autres circonstances où les biens étaient séparés, par exemple, la vente du pécule castrans, celle des biens de l'affranchi, et partout nous retrouvons l'idée commune d'expropriation.

Dans tous les pays de droit écrit, ce système fut admis sans contrôle. Par imitation de ce qui se passait à Rome, la séparation s'obtint long-temps sur lettres de la chancellerie : c'était l'image du décret prétorien. Mais Lebrun nous apprend que cette formalité n'était plus exigée depuis long-temps à l'époque où il rédigeait son traité des successions.

Les coutumes suivirent cet exemple ou plutôt les parlements adoptèrent en pratique le droit de séparation, car aucun texte ne le consacrait. Mais ils n'exigèrent plus, comme à Rome, la vente simultanée du patrimoine. Le droit se transforma ; il s'exerça désormais isolément ; il devint une mesure préventive et conservatoire. Quant à sa nature intime et à ses effets, aucune modification né fut introduite ; — seulement, dans certains ressorts, les créanciers de l'héritier furent admis à le faire valoir contrairement à la loi romaine ; tous les parlements d'ailleurs rejetaient sans exception la prescription de cinq ans établie en cette matière par le Digeste, car il était de principe que les prescriptions romaines ne s'appliquaient pas en France, si elles n'étaient rappelées par les édits ou par les dispositions des coutumes.

Toutefois la séparation ne fut point admise dans le Hainaut. En Normandie elle devint inutile ; l. arti 'n des placités accordait aux créanciers une hypothèque générale sur s biens de la succession. On immobilisait à leur profit ce patrimoine qui ne pouvait plus acquérir ni diminuer, et l'hypothèque primait sans distinction toutes celles qui provenaient de l'héritier, les eût-il concédées long-temps auparavant sur tous ses biens présents et à venir.

La loi du 11 brumaire an vii, qui réorganisa le régime hypotécaire, mentionna la sé ration des patrimoines ; mais elle n'introduisit aucune innovation. Elle renvoie elle-même aux principes des législations qui l'ont précédée. L'article 14, après avoir énuméré les priviléges sur les immeubles, ajoute en effet : le tout sans préjudice du droit qu'ont les créanciers des personnes décédées de demander la séparation des patrimoines conformément aux lois antérieures.

Il y avait cependant une réforme nécessaire, car la publicité du régime hypothécaire venait d'être proclamée. Les tiers qui traitaient avec l'héritier, tant que la séparation n'avait pas été demandée, se croyaient à l'abri de tout danger ; le registre du conservateur ne leur révélait aucune inscription, et néanmoins des créanciers de la succession pouvaient venir briser leurs droits par des réclamations tardives et inattendues.

Le Code devait combler cette lacune ; au titre des successions il précise la nature et les effets généraux de la séparation qu'il maintient en harmonie avec les anciens principes ; mais l'article 2111 vient prescrire une condition nouvelle pour l'exercice de ce droit sur les immeubles. Il veut que, pour produire effet au respect des créanciers hypothécaires inscrits du chef de l'héritier sur les biens de la succession, une inscription soit prise par les créanciers du défunt dans un délai déterminé. Nous aurons à nous demander i cette formalité change la nature du droit, et quel est aujourd'hui son véritable caractère.

Examinons successivement

1°. — Qu'est-ce que la séparation des patrimoines et quelle est la nature du droit qui en résulte ;

2°. — Par qui et contre qui elle peut être demandée ;

3°. — Quelles exceptions lui sont opposables ;

4°. — Sur quels biens elle s'exerce ;

5°. — Comment se forme la demande et quelles sont les formalités préalables en ce qui concerne les immeubles ;

6°. — Quels sont ses effets.

I.

Qu'est-ce que la séparation des patrimoines, et quelle est la nature du droit qui en résulte?

La séparation des patrimoines est l'état d'une succession isolée des biens de l'héritier, conformément aux règles prescrites par la loi, et dans l'intérêt exclusif des créanciers héréditaires. — Elle ne brise pas la saisine légale; seulement elle atténue l'un de ses effets; elle prévient les inconvénients de ce principe si fécond d'ailleurs en utiles conséquences. Au respect de l'héritier, les biens restent réunis et confondus; pour lui subsiste sans altération l'indivisibilité de la personne et des patrimoines.

De là une double conséquence :

1°. Il demeure investi de la succession, l'administre et en dispose à son gré, tant qu'il ne fait pas fraude aux créanciers du défunt.

2°. Il est toujours tenu personnellement d'acquitter les dettes héréditaires; et si, plus tard, il revient à meilleure fortune, les créanciers séparatistes auront le droit de le poursuivre.

Conservation des droits préexistants, tel est le caractère général de la séparation des patrimoines. Elle ne crée point de nouvelles prérogatives; elle assure uniquement l'exécution des engagements contractés par le défunt, sans les modifier ni les restreindre.

Le droit qu'elle établit est réel, car il s'adresse à des biens, sans aucune considération de personnes. — Il est de plus indivisible; avant de subir une concurrence étrangère, les créanciers de la succession prélèvent tout le prix du bien vendu nonobstant la division des dettes qui se serait effectuée entre les différents cohéritiers. Ce double trait détermine suffisamment la nature du droit en ce qui concerne les meubles, et nous n'avons pas à nous demander pour eux si la séparation des patrimoines crée ou non un privilége. La solution affirmative de la question n'entraînerait, en effet, aucune conséquence nouvelle. Mais il en est tout autrement pour les immeubles. Si la séparation des patrimoines donne un privilége, le créancier qui l'aura obtenu et inscrit, pourra suivre son gage entre les mains des tiers détenteurs, et porter surenchère sur la purge de l'acquéreur au moment de l'aliénation : il importe donc de préciser le caractère du droit.

Le privilége est une cause de préférence entre les créanciers d'un même débiteur ; ici nous avons au contraire deux patrimoines et deux débiteurs séparés : il est bien vrai que, par l'effet de la saisine, l'héritier est obligé personnellement envers les créanciers du défunt, comme il l'était déjà envers les siens propres. Mais, pour exercer leur droit, il faut que les créanciers de la succession fassent précisément abstraction de cette saisine : s'ils l'invoquaient, ils accepteraient l'héritier pour débiteur, et la séparation devrait leur être refusée. L'art. 2103, qui énumère les priviléges sur les immeubles, ne mentionne pas la séparation des patrimoines, et il est remarquable qu'il parle d'un privilége également collectif sur des immeubles héréditaires, celui des copartageants. — L'art. 2111 supplée-t-il à son silence, et la qualification de privilége qu'il accorde à la séparation des patrimoines, doit-elle être considérée comme sérieuse ? Remarquons d'abord que, si le législateur avait voulu, dans cet article, combler une lacune, il eût été beaucoup plus rationnel d'ajouter la séparation des patrimoines aux droits énoncés dans l'art. 2103, puisque ce texte n'était encore qu'à l'état de projet et pouvait être facilement modifié. D'ailleurs, pour effectuer un changement de ce genre, les rédacteurs du Code auraient été guidés par des motifs importants, et l'on en retrouverait la trace dans leurs discussions : or, les procès-verbaux sont muets à cet égard. — L'art. 2111 n'est pas destiné à régler les effets de la séparation ; il précise seulement les conditions de son exercice dans une hypothèse déterminée. Mais quant à la nature du droit, il déclare la conserver, telle qu'elle existait, *conformément* à l'art. 878. — Le droit de séparation s'éteint quand les biens sont sortis de la main de l'héritier; il y a texte formel au Code (art. 880). Comment donc parler ici de suite et de surenchère? — Ce serait heurter de front les principes qui dominent toute cette matière; on veut conserver les droits que les créanciers possédaient sur les biens du défunt; or, ils ne pouvaient l'empêcher de les vendre de bonne foi. Pourquoi leur donnerait-on vis-à-vis de l'héritier une prérogative plus étendue? — Nous concluons que la séparation des patrimoines crée un droit *sui generis* qui assure aux créanciers de la succession leur paiement intégral sur les biens du défunt, mais qui ne constitue pas à leur profit un véritable privilége.

La loi de l'an VII ne prescrivait aucune inscription pour la conservation du droit sur les immeubles; il est clair que les successions ouvertes sous son empire ne sauraient être, en aucun cas, assujetties aux exigences de l'art. 2111, et que les créanciers n'ont pas été obligés de prendre inscription dans les six mois qui ont suivi la promulgation du Code; autrement celui-ci aurait un effet rétroactif. Sans doute, les lois qui prescrivent de simples formalités conservatrices, régissent en principe tous les droits qu'elles trouvent en exercice, quelle que soit la date de leur origine; mais cette règle ne s'applique pas à une formalité substantielle comme l'inscription qui se lie au fonds même du droit. L'art. 2111 fait courir le délai de six mois à partir de l'ouverture de la succession; changer le point de départ et le placer dans certains cas à l'époque de la promulgation du Code, ce serait ajouter à la loi.

Il importe de ne point confondre la séparation des patrimoines avec le bénéfice d'inventaire. Ces deux institutions ont chacune leur raison d'être et leur but déterminé; il n'est pas vrai de dire, comme on l'a fait, que l'acceptation bénéficiaire crée de plein droit la séparation, qu'elle dispense les créanciers du défunt d'accomplir

les conditions des articles 878 et 2111. — Pourquoi est-elle introduite? Pour garantir l'héritier ou ses ayant-cause contre les effets de
la saisine : l'art. 802 déclare que leur intérêt est le seul mobile de
ses prescriptions; — il ne s'occupe point des créanciers de la succession, ou plutôt c'est contre eux que sont dirigées ses dispositions.
Qu'on n'objecte pas la séparation de fait qui existe par suite de l'inventaire, de la vente des meubles et de la consignation des deniers.
— D'un instant à l'autre cette division peut s'évanouir. Supposons
qu'ayant disposé d'une partie de la succession, l'héritier devienne
pur et simple; les conséquences de cet événement rétroagiront au
jour de l'ouverture; la confusion aura existé en droit *ab initio*. Les
formalités de l'art. 2111 seront donc devenues nécessaires, et, si le
délai fatal est expiré, les créanciers de la succession seront déchus de
leurs droits; ils auront été trompés par cette acceptation bénéficiaire,
toujours instable, toujours prête à s'évanouir. On a tenté d'échapper
à ce résultat en décidant que la déchéance du bénéfice d'inventaire,
introduite dans l'intérêt des créanciers héréditaires, ne réagirait pas
contre eux, et que la séparation des patrimoines constituant un droit
acquis en leur faveur, ne pourrait plus être détruite par un fait
essentiellement personnel à l'héritier, fait qu'il n'est pas en leur
pouvoir de prévenir ou d'empêcher. Mais ce raisonnement est en
désaccord avec les principes. — De deux choses l'une : ou le bénéfice
d'inventaire existe encore, ou la succession est acceptée purement
et simplement, et alors il faut déduire sans distinguer toutes les
conséquences de cette dernière situation. Nous ne trouvons nulle
part ce prétendu principe que la déchéance de l'héritier bénéficiaire ne produit d'effets qu'à son détriment et qu'il est loisible
aux créanciers de la succession, de maintenir, s'ils le jugent à
propos, l'état de choses primitif. Est-ce que, par exemple, ils
pourraient demander la nullité d'une vente consentie par cet héritier, s'ils croyaient plus utile à leurs intérêts de faire rentrer dans
la succession l'objet aliéné que d'accepter l'héritier pour débiteur

personnel et de le poursuivre directement. — Au lieu d'une déchéance, on peut supposer l'éviction de l'héritier par un autre plus proche en degré, qui acceptera purement et simplement; alors encore il faudrait faire disparaître ce droit vraiment illusoire des créanciers de la succession. — En admettant même que le bénéfice d'inventaire persiste, lorsque l'héritier aura présenté son compte aux créanciers connus et qu'il restera des valeurs, il faudra bien lui reconnaître le droit d'en disposer. Il concèdera donc valablement des hypothèques sur les immeubles; les tiers à l'aspect de ces biens dont il dispose en propriétaire, traiteront avec lui sans exiger de garanties. Viennent cependant des créanciers de la succession qui ne s'étaient pas présentés avant l'apurement du compte; si l'acceptation bénéficiaire crée de plein droit la séparation des patrimoines, ils pourront l'exercer sur le mobilier, quoiqu'il se soit écoulé 3 ans depuis le décès sur les immeubles, quoiqu'aucune inscription n'ait averti les tiers! Il y aurait pour ces derniers une déception que la loi ne saurait tolérer. — Les créanciers de la succession bénéficiaire seront donc obligés de s'inscrire sur les immeubles dans les 6 mois de l'ouverture.

L'art. 2146 ne met pas obstacle à cette inscription; il ne parle que des hypothèques destinées à produire effet entre les créanciers de la succession, c'est-à-dire à créer au profit de l'un d'eux une préférence sur ses concurrents; mais il ne prohibe nullement l'inscription destinée à conserver précisément les droits de tous les créanciers héréditaires, tels qu'ils existaient avant le décès, sans altérer en rien leurs rapports mutuels.

II.

Par qui et contre qui la séparation des patrimoines doit-elle être obtenue?

Si l'on s'en tenait à la combinaison des art. 877 et 878, il faudrait refuser ce droit à tous les créanciers qui n'ont pas de titres exécutoires contre le défunt; mais il est constant, d'après les précédents historiques et d'après la généralité des termes de l'art. 878, que tous, sans distinction, quelle que soit la nature de leur titre, peuvent demander la séparation. Ce n'est pas, en effet, une mesure d'exécution proprement dite, mais un acte conservatoire. Toutefois, comme l'inscription prescrite par l'art. 2111 réagit immédiatement sur le crédit de l'héritier en l'empêchant d'hypothéquer valablement les biens dont il est saisi, on ne saurait accorder le droit de la prendre sans vérification préalable de la créance. S'il n'y a pas de titre écrit, le conservateur des hypothèques ne sera pas juge compétent pour apprécier, même sommairement, les prétentions de l'inscrivant; il faudra, selon nous, s'adresser au président du tribunal, qui délivrera une ordonnance après avoir constaté les faits allégués. C'est la procédure indiquée pour les appositions de scellés et les saisies-arrêts. (Pr., art. 558-909).

La séparation est utile à tous les créanciers, chirographaires, hypothécaires ou privilégiés; — pour les premiers ce point est d'évidence; — les seconds, s'ils ne sont pas encore inscrits, seraient primés par les créanciers de l'héritier qui, après avoir reçu de lui, depuis l'ouverture, une hypothèque sur les biens de la succession, auraient accompli les formalités légales; — en les supposant inscrits avant le décès, s'ils n'exerçaient pas la séparation, ils n'auraient point de droit de préférence sur les effets mobiliers ni sur les immeubles non spécialement affectés au paiement de leurs créances.

— D'ailleurs leurs droits s'évanouiraient toujours devant les hypothèques générales qui, remontant à une date antérieure, grèveraient
tous les biens présents et à venir de l'héritier. Par exemple, si le
défunt avait géré une tutelle à partir du 1". janvier et qu'au mois
d'octobre précédent l'héritier, en se mariant, eût grevé ses biens
d'une hypothèque dotale, le pupille serait primé par celle-ci. — Les
créanciers privilégiés enfin, sans la séparation, céderaient à ceux
de l'héritier qui viendraient argumenter d'un privilége plus favorable,
qui réclameraient, par exemple, pour frais de justice ou autres
causes énoncées en l'art. 2101.

La créance à terme suffit pour motiver une demande en séparation ;
il s'agit d'une mesure conservatoire, et la généralité des termes employés par l'art. 878 ne permet pas le doute sur ce point. Nous ne
voulons pas dire cependant que le créancier puisse se faire payer
immédiatement ; car la mort du débiteur n'a pas rendu le droit exi-
gible. Mais : 1°. en prenant l'inscription de l'art. 2111, le créancier
préviendra toute concession d'hypothèque à son détriment ; 2°. il
aura le droit, si l'héritier ne fournit pas les garanties suffisantes pour
assurer son remboursement à l'échéance, de faire vendre les meubles
et de consigner le prix. Il préviendra de la sorte la confusion qui,
plus tard, pourrait opérer déchéance contre lui. — Nous adoptons
la même solution pour les créances sous condition suspensive ;
quoiqu'en droit elles n'existent pas encore au moment où la séparation est demandée ; plus tard, la condition venant à s'accomplir,
elles rétroagiront, et il sera vrai de dire qu'elles précédaient en
date l'ouverture de la succession. Les motifs énoncés ci-dessus pour
les créances à terme s'appliquent d'ailleurs également. L'héritier ne
pourra se soustraire aux poursuites qu'en donnant caution.

Le créancier qui hérite en partie de son débiteur ne souffre la
confusion que pour sa part et portion. Il peut assurer le recouvrement de l'excédant en faisant prononcer la séparation des patrimoines contre ses cohéritiers.

Il n'est pas nécessaire que tous les créanciers se réunissent pour former ensemble leur demande ; la loi n'établit entre eux aucune solidarité ; elle ne les constitue pas en état d'union ; chacun d'eux est pourvu d'un droit individuel, identique de tous points à celui des autres ; il est libre de l'exercer ou de ne point s'en prévaloir ; — s'il prend l'initiative, il n'agit que pour lui, et les créanciers inactifs ne profiteront en rien de ses diligences.

Nous avons présenté jusqu'ici la séparation des patrimoines comme l'antagoniste de la saisine héréditaire. Faut-il en conclure que là où la saisine n'existe pas, la séparation n'est plus nécessaire et que les créanciers, sans la demander, obtiendront de plein droit la préférence. Cette thèse s'applique :

1°. Aux successeurs irréguliers, aux légataires et donataires à titre universel, en un mot, à tous ceux que la loi oblige à payer les dettes, mais seulement dans la proportion des biens qu'ils recueillent ;

2°. Aux héritiers envoyés en possession provisoire des biens de l'absent ;

3°. Aux créanciers des sociétés commerciales ou civiles

4°. A ceux de la communauté légale acceptée par la femme.

Pour les premiers, lorsqu'ils ont fait inventorier les valeurs qui leur sont remises, les créanciers du testateur ou du donateur ne peuvent jamais saisir leurs biens personnels ; — cependant les légataires acquièrent un droit immédiat sur les objets de la succession, qu'ils peuvent vendre ou hypothéquer à leur gré, sans avoir au préalable acquitté les dettes mises à leur charge ; le seul résultat de ces actes est de les rendre directement responsables et contraignables sur leurs propres biens. S'ils sont insolvables, les créanciers de leur auteur se trouveront préjudiciés ; — de plus, le jour où ils reçoivent le montant de leur legs, les tiers qui les voient en possession les considèrent comme propriétaires irrévocables, et traitent avec eux dans cette confiance ; — il fallait donc qu'un signe extérieur et public

3

vint leur révéler les droits des créanciers du possesseur originaire;
il y avait nécessité d'exiger ici les formalités de la séparation des
patrimoines; — l'art. 2111 déclare, en effet, qu'elles seront requises
pour attribuer préférence aux créanciers de la succession sur ceux
de l'héritier ou des *représentants* du défunt. — Nous assimilons aux
légataires les donataires à titre universel, car il y a même raison de
décider; — au nombre de ces donataires il faut placer les institués
contractuellement et les héritiers présomptifs entre lesquels ont eu
lieu des partages d'ascendants;

2°. Lorsque l'absence a été déclarée, les envoyés en possession
provisoire, quoiqu'héritiers présumés, ne sont point cependant
tenus des dettes *ultra vires*, mais ils peuvent disposer des biens, et
leurs aliénations ou leurs hypothèques, résolubles, il est vrai, si
l'absent reparaît, seront cependant valables vis-à-vis de tous autres.
Aussi croyons-nous qu'il sera utile aux créanciers de prendre inscription sur les immeubles. Quant au mobilier, aucune mesure de
précaution ne sera nécessaire; les tribunaux en auront ordonné la
vente, s'il menaçait de se détériorer, et le prix en sera consigné
conformément à l'art. 119 du Code civil. Les valeurs héréditaires
seront facilement reconnaissables, et il n'y aura pas lieu d'appliquer
la prescription de trois ans qui éteint la demande en séparation. A
dater de quelle époque courra, dans cette hypothèse, le délai de
l'art. 2111? L'ouverture de la succession se reporte au jour des
dernières nouvelles, antérieurement à la déclaration d'absence;
mais les créanciers dont les droits n'étaient peut-être pas encore
exigibles à cette époque, ont dû ignorer la disparition. C'est donc
à partir de la déclaration prononcée, lorsqu'ils auront été prévenus
par les insertions officielles dans les journaux, que devront courir
les six mois entraînant déchéance.

3°. — Quand une société vient à se dissoudre, les membres qui
la composaient ne peuvent réclamer aucun droit sur l'actif, ni
retirer leurs mises respectives avant l'acquittement définitif des

dettes sociales; leurs créanciers personnels ne peuvent non plus faire saisir les valeurs qui doivent leur revenir. Il y aura donc, tant que dureront les opérations de la liquidation, une véritable séparation de patrimoines, mais les créanciers de la société ne seront point tenus pour conserver leur préférence de prendre sur les immeubles l'inscription prescrite par l'art. 2111 , ni d'accomplir les formalités de la séparation en matière de droits successifs. — La liquidation terminée, s'il se présente des créanciers rétardataires, leur prérogative sera perdue; la société n'existe plus; l'actif net a été partagé; ils n'auront plus que leurs actions individuelles contre chaque associé, soit pour le tout, si la société était commerciale, soit pour une partie, si elle était purement civile; mais ils viendront en concurrence avec les créanciers personnels; car ils n'ont pas plus de titres qu'eux. Les articles du Code, relatifs à la séparation des patrimoines, sont étrangers aux règles sur les sociétés, et il ne faut pas étendre les prérogatives exhorbitantes qu'ils ont établies.

4°. — Que déciderons-nous à l'égard des créanciers d'une société *sui generis,* la communauté légale entre époux? Ici nous n'avons plus de liquidateurs nommés immédiatement après la dissolution; — le corps moral ne subsiste plus en droit, et son patrimoine, scindé légalement en deux portions distinctes, repose sans intermédiaire entre les mains des conjoints. Il y a donc analogie entre cette situation et l'ouverture d'une succession. D'ailleurs, l'art. 1476 renvoie pour les règles du partage aux liquidations héréditaires; — Nous n'admettrons point cependant les créanciers de la communauté à demander la séparation des patrimoines pour se faire payer sur le prix des valeurs communes de préférence aux créanciers de l'un ou de l'autre des époux. D'abord, les biens de la communauté et ceux du mari étant restés confondus pendant toute la durée de l'association conjugale, tous ceux qui ont contracté avec lui, se sont engagés dans la contemplation de ce gage total; aucun d'eux n'a eu en vue les biens communs qui ne formaient pas un patrimoine propre et spécial; aucun dès-lors n'a pu acquérir sur eux un droit exclusif.—Quant à la femme, vainement les créanciers de la communauté opposeraient à ses créanciers personnels son titre d'associée. Elle était plutôt copropriétaire des biens communs ; et si son droit ne se manifestait pas durant le mariage, c'est qu'elle avait donné à son époux mandat de l'exercer en son nom. Elle s'est donc personnellement obligée par son intermédiaire ; elle s'est obligée dès le jour où le mari a contracté lui-même, et non pas seulement à partir de l'acceptation de la communauté. De là, selon nous, une différence capitale entre sa position et celle de l'héritier que l'adition seule engage vis-à-vis des créanciers de la succession. — Aussi les textes relatifs à la division du passif commun ne parlent-ils pas de la séparation des patrimoines; l'art. 1476 ne renvoie qu'aux règles sur la distribution de l'actif, sur les soultes, les garanties et tout ce qui concerne les rapports mutuels des copartageants, mais il garde le silence sur les créanciers de la communauté.

Les créanciers de l'héritier ne peuvent demander la séparation des patrimoines; ce point, qui faisait difficulté sous l'ancienne jurisprudence, est aujourd'hui nettement résolu par l'art. 881. — Un débiteur, par cela seul qu'il a contracté des obligations, ne s'interdit pas en effet le droit de s'obliger de nouveau, dûssent ses créanciers primitifs voir diminuer le gage sur lequel ils avaient compté. Toutefois, si l'acceptation était frauduleuse, l'art. 1167 ouvre aux créanciers de l'héritier une action rescisoire. On ne saurait argumenter *à contrario* pour leur refuser ce droit de l'art. 788 qui les autorise à faire révoquer la renonciation. — Ce texte était nécessaire pour trancher une question diversement résolue sous l'ancien droit; la loi romaine déclarait que les créanciers n'avaient pas d'action contre le débiteur qui refuse d'acquérir et elle ne leur permettait pas en conséquence d'attaquer la répudiation d'hérédité par lui consommée; au contraire, d'après les principes du Code, la saisine investissant l'héritier dès le jour de l'ouverture, la renonciation effectue une diminution réelle de son patrimoine; il fallait donc, pour prévenir toute dissidence sur ce point, la déclarer révocable au profit des créanciers; —c'est ce qu'a fait l'art. 788; —de plus il exempte les créanciers demandeurs de prouver la fraude, conformément aux dispositions de l'art. 1167; il leur suffit d'établir qu'ils sont préjudiciés. Il ne serait donc pas vrai de dire qu'en répétant au titre des successions pour un cas spécial l'autorisation d'intenter l'action paulienne, le législateur la refuse par là même dans les autres hypothèses; —puisque, d'une part, ce n'est pas de l'action paulienne que s'occupe l'art. 788; —que, d'un autre côté, les précédents historiques en justifient la nécessité.

Il peut arriver que la même personne soit à la fois créancière du défunt et de l'héritier; alors quand même les deux créances se rattacheraient à une cause identique, la qualité de créancier de la succession suffit pour donner le droit de séparation. Qu'une caution, par exemple, hérite du débiteur principal ou réciproquement, le créancier commun pourra faire séparer les biens. La confusion qui s'est opérée en vertu de l'art. 1301 du Code Nap. doit profiter à l'héritier dans l'intérêt duquel elle est introduite; mais elle ne peut jamais nuire aux créanciers du défunt surtout, lorsque l'héritier, obligé personnellement envers eux, semble tenu plus strictement que tout autre d'empêcher le dépérissement de leurs droits.

Outre les créanciers, la loi investit du bénéfice de la séparation les légataires du défunt. L'art. 2111 a réparé en ce point une omission commise au titre des successions. Déjà la jurisprudence y suppléait à l'aide des traditions de l'ancien droit.

Cette prérogative n'est pas cependant aussi importante pour eux que l'on pourrait tout d'abord le supposer.

S'agit-il de légataires universels ou à titre universel? Dès le jour du décès, ils sont copropriétaires d'une partie de la succession. L'héritier, s'il en existe, n'est jamais investi que de la possession légale dont ils devront plus tard lui demander la délivrance; il fait les fruits siens après un certain délai ; mais la loi ne lui attribue jamais le droit de disposer du legs, soit en hypothéquant les biens, soit en les affectant tacitement au paiement de ses dettes personnelles. Ses créanciers ne pourront jamais saisir la part indivise du légataire, et la séparation, qui a pour but de repousser leurs attaques, devient dès lors inutile. — Même solution pour le légataire particulier d'un corps certain ; lui aussi est propriétaire direct et peut revendiquer, sans craindre les droits concédés aux tiers par ses cohéritiers ou ses colégataires.

Mais si le legs est, par exemple, d'une somme d'argent ou de tout autre objet pris *in genere*, la revendication n'est plus possible ; car on n'acquiert pas la propriété d'une chose déterminée seulement quant à son espèce. L'art. 1017 donne bien au légataire une hypothèque ; mais il ne le garantit pas contre les créanciers privilégiés de l'héritier, contre ceux qui avaient obtenu, antérieurement au décès, une hypothèque générale sur ses biens présents et à venir, ni même contre les créanciers inscrits de son chef sur les immeubles de la succession. Le seul moyen de prévenir toute concurrence est de faire prononcer la séparation des patrimoines.

Le testament olographe donne au légataire, aussi bien que le testament authentique, le droit de demander la séparation et de prendre inscription sur les immeubles ; il en est de même du testament passé en pays étranger, pourvu qu'il soit dûment enregistré ; il devient alors, en effet, pleinement exécutoire, et les droits qui en découlent sont garantis par la loi. Quoique l'art. 2148 ne permette de s'inscrire qu'en vertu d'un jugement ou d'un titre authentique, quoique l'art. 2128 s'oppose à ce qu'un acte passé en pays étranger puisse donner hypothèque sur des immeubles situés en France, l'inscription n'en sera pas moins recevable ; car, nous l'avons dit, il ne s'agit pas ici d'un droit hypothécaire. — Quand même on lui reconnaîtrait ce caractère, il ne serait jamais qu'une hypothèque légale, et l'art. 2148 s'applique uniquement aux hypothèques judiciaires ou conventionnelles. — Enfin l'art. 2128 ne parle que des contrats et ne concerne point les dispositions testamentaires.

La séparation des patrimoines est dirigée contre les créanciers du défunt. — Quand ils se présentent pour exercer les droits de l'héritier sur les biens de la succession, ils se trouvent ainsi les adversaires naturels des créanciers séparatistes, et c'est contre eux directement qu'il faut agir. — Mais ils peuvent être inconnus, et ce serait réduire à l'impossible les créanciers de la succession que d'exiger d'eux des assignations individuelles. — D'ailleurs la séparation est une mesure provisoire, et il n'est pas nécessaire, pour l'obtenir, que l'héritier ait des créanciers personnels, car d'un instant à l'autre il peut contracter des obligations. — Nous pensons donc qu'il suffira de former la demande contre l'héritier lui-même, en mettant en cause ceux de ses créanciers qui se seront fait connaître judiciairement.

Par l'effet de l'acceptation pure et simple les légataires deviennent créanciers de l'héritier ; dès lors ils ont le droit de concourir avec ceux de la succession, et pour prévenir ce résultat, la séparation des patrimoines doit être demandée. – L'art. 878 ne distingue pas : il veut qu'elle soit obtenue contre tout créancier personnel de l'héritier et les légataires ont cette qualité. Vainement on objecterait la maxime *nemo liberalis nisi liberatus :* il suffit de répondre que, la préférence des créanciers sur les légataires étant subordonnée à des formalités spéciales, les premiers n'ayant pas accompli les prescriptions de la loi, ne sont pas fondés à se plaindre. — Toutefois les légataires universels ou à titre universel ne peuvent jamais venir en concurrence avec les créanciers héréditaires ; — ils sont tenus des charges au prorata de leur émolument ; dès lors il leur serait inutile de se faire délivrer une partie de leur legs, tant qu'il y aurait encore des créanciers du défunt non intégralement payés.

Les légataires ne peuvent demander les uns contre les autres la séparation des patrimoines ; — ils n'acquerraient de la sorte aucune préférence; mais ceux qui seront inscrits les premiers en vertu de l'art. 1017 viendront avant leurs concurrents.

La séparation produit ses effets contre tous les créanciers de l'héritier (art. 878). Elle fait tomber leurs hypothèques, quelque favorables qu'elles soient, même celle du mineur et de la femme mariée. Cependant elle reste impuissante contre certains créanciers privilégiés.

1°. Nous placerons en première ligne ceux dont le privilége aura pour cause des actes conservatoires de la succession elle-même ou qui en auront augmenté la valeur; par exemple, les ouvriers employés par l'héritier à la réparation des meubles, le vendeur des grains nécessaires à l'ensemencement, les architectes et maçons qui auront travaillé sur l'ordre et d'après les instructions de l'héritier. Tous exerceront leurs priviléges respectifs au détriment des créanciers séparatistes, quoique leurs droits soient postérieurs au décès; — car ils ont, pour ainsi dire, un double titre et un double débiteur : l'héritier, la succession.

2°. Tous les priviléges généraux sur les meubles de l'héritier primeront les créanciers du défunt, mais sous deux conditions : 1°. que les services ou les prestations qui leur donnent naissance soient postérieurs à l'adition d'hérédité; — 2°. que l'héritier se soit mis en possession des meubles et qu'il les ait employés en apparence comme s'ils lui appartenaient définitivement. — Les tiers ont dû compter alors sur cette augmentation de fortune, et, les gens de service, par exemple, avant de s'engager, auront estimé la solvabilité de l'héritier d'après la tenue plus ou moins somptueuse de sa maison. Si les gens de service l'emportent sur les créanciers séparatistes, à plus forte raison faut-il accorder la même préférence aux frais funéraires de l'héritier, à ses frais de dernière maladie, etc. Il en sera de même des priviléges du trésor, soit pour la contribution personnelle et mobilière, soit pour les droits de mutation qui sont réputés créances de la succession et se recouvrent sur la valeur brute des biens, sans déduction des charges qui les grèvent.

3°. — Enfin, lorsque l'héritier aura donné en gage un objet de la succession, le créancier gagiste pourra le retenir jusqu'à parfait paiement ou le faire vendre à son profit, malgré les réclamations des créanciers séparatistes. Nous assimilerons au gage tous les priviléges qui découlent de nantissements imparfaits, et notamment celui du propriétaire sur les meubles qui garnissent la maison louée. — L'héritier a loué un logement depuis l'ouverture de la succession, il y a transporté les meubles du défunt; à l'instant le privilége du propriétaire les a saisis, et, s'il n'est point payé de ses loyers, il les fera vendre pour se rembourser sur le prix. Les créanciers de la succession ne pourront faire obstacle à ses droits; car l'art. 2102 qui crée le privilége du propriétaire l'établit sur tous les meubles qui entrent dans la maison ou dans la ferme; — le vendeur lui-même n'aurait pas le droit de les revendiquer, s'il n'avait dénoncé au propriétaire leur origine, en l'avertissant qu'ils n'étaient point encore payés. — Comment obliger le locateur à constater la provenance des meubles que l'on dépose chez lui? — En admettant l'opinion contraire, il faudrait laisser le gagiste ou le propriétaire nanti exposé pendant trois ans à l'action des créanciers séparatistes; or, cette conséquence est inacceptable.

Si l'héritier vient à mourir, celui qui lui succède n'a pas plus de droit que lui, et les créanciers de la succession pourront encore faire séparer les biens contre les créanciers de l'héritier en second ordre, pourvu toutefois qu'ils aient accompli dans le temps voulu les formalités prescrites par la loi.

La demande peut être formée contre les créanciers d'un cohéritier seulement, s'il y a plusieurs successibles; il n'est même pas nécessaire d'attaquer à la fois tous les créanciers du même héritier quelques-uns peuvent concourir avec les créanciers du défunt, quoique ceux-ci aient exercé contre les autres leur droit de préférence; les premiers ne sauraient se plaindre, car les autres créanciers de l'héritier sont payés en partie sur les biens de la succession et ce paiement libère d'autant leur débiteur. 4

III.

Quelles exceptions sont opposables à la séparation des patrimoines ?

La loi en indique deux : — la novation, la prescription.

1°. La novation dont il est ici question ne doit pas être confondue avec la novation ordinaire régie par les art. 1271 et suivants ; il n'est pas nécessaire que la créance primitive s'éteigne et disparaisse ; elle se réalise dès que les créanciers du défunt ont suivi la foi personnelle de l'héritier, dès qu'ils ont consenti à l'actionner directement en l'acceptant pour débiteur (art. 879).

Cette acceptation peut être expresse ou tacite. Lorsqu'elle résulte implicitement des circonstances, toutes réserves contraires seraient inutiles. *Protestatio actui contraria non valet.*

La détermination des faits qui lui donnent naissance appartient exclusivement aux tribunaux ; la loi ne pouvait prévoir et régler à l'avance toutes les hypothèses : — quelques exemples seulement :

Lorsqu'il y a modification de l'objet ou des conditions essentielles de la créance, par exemple, lorsqu'au lieu d'un capital, le créancier du défunt consent à recevoir une rente ou réciproquement, la novation existe de fait et de droit.

La concession de simples délais pour le paiement n'implique en rien l'acceptation de l'héritier pour débiteur ; elle peut s'expliquer autrement : le créancier aura voulu peut-être laisser le temps de liquider les valeurs héréditaires, de vendre les biens, sans entraver les opérations par des poursuites intempestives.

A plus forte raison, la reconnaissance de la dette, un réglement de compte qui en établira les éléments, pourra être passé avec l'héritier, sans que le créancier du défunt soit compromis. Il faut bien qu'il puisse faire constater ses droits et qu'il agisse à cet effet contre un représentant quelconque de la succession.

Nous déciderons par voie de conséquence que la signification des titres exécutoires, la réception ou la demande des intérêts, les poursuites en recouvrement du capital lui-même, tant qu'elles sont dirigées contre l'héritier, à ce titre seulement, qu'enfin les saisies pratiquées sur les biens de la succession n'entraînent point déchéance; loin de là, ce sera le plus souvent sur l'ordre ouvert pour la distribution du prix que se formeront les demandes en séparation contre les créanciers de l'héritier qui voudront y produire.

La saisie, au contraire, a-t-elle porté en tout ou en partie sur les biens de l'héritier lui-même. — A-t-il donné de son chef des garanties hypothécaires, soit sur son patrimoine personnel, soit sur la succession qu'il considère alors comme sienne? Les créanciers du défunt auront suivi sa foi, et toute demande en séparation sera impossible.

2°. L'action des créanciers de la succession est prescriptible par 30 ans pour les immeubles, par 3 ans seulement pour les effets mobiliers. La loi a fixé le même délai pour la prescription de la revendication des meubles (art. 2279) et pour l'extinction du recours accordé aux créanciers non payés contre les légataires, lorsque la succession a été acceptée bénéficiairement; il y a harmonie entre ces différentes dispositions, dictées par la même pensée.

La prescription est ici *juris et de jure*, car elle entraîne déchéance d'une action en justice. Les 3 ans écoulés, les créanciers du défunt ne seraient pas admis à prouver l'identité des meubles; la confusion légale s'est opérée, et la fiction du droit l'emporte ici sur l'évidence et la réalité du fait.

C'est une question de savoir si le délai commence le jour de l'ouverture ou seulement avec l'acceptation de l'héritier. En droit romain,

il datait de l'adition d'hérédité, mais seulement à l'égard des héritiers externes; — les héritiers siens ou nécessaires, investis forcé-
ment de la succession dès le décès de leur auteur, voyaient commencer
à ce moment le temps de la prescription. Aussi toutes les coutumes
qui proclamèrent la maxime : *le mort saisit le vif*, adoptèrent le même
point de départ. Sous l'empire du Code et en présence de l'art. 724,
le doute n'est plus possible. — La prescription court contre celui qui
peut agir; — or, dès l'ouverture de la succession, les créanciers du
défunt connaissent l'héritier qui est saisi; — quoique les délais ac-
cordés pour faire inventaire et délibérer ne soient pas encore expirés,
ils sont libres de prendre toutes les mesures conservatoires de leurs
droits, et nous avons reconnu ce caractère à la séparation des
patrimoines. — D'ailleurs, l'acceptation effectuée doit rétroagir, et
comme ses effets remonteront toujours à l'époque du décès, ce sera
bien à dater de ce moment qu'il faudra calculer les trois années,
pour les meubles et pour les immeubles, la prescription trenten-
naire.

Il peut arriver que la créance ne soit pas encore prescrite trente
ans après l'ouverture de la succession, parce que des poursuites
auront été exercées dans l'intervalle. Cependant, si la séparation
n'a pas encore été demandée, il y aura déchéance; vainement on la
présenterait comme un accessoire de la créance principale, pour
en conclure qu'elle doit subir les mêmes lois; c'est en effet un droit
distinct, exhorbitant de sa nature, puisqu'il restreint le crédit de
l'héritier, et qu'il peut devenir pour ses créanciers personnels une
source de déceptions. — Le texte d'ailleurs ne subordonne pas la
prescription du droit de séparation à celui de la créance elle-même
(art. 880).

IV.

Sur quels biens s'exerce la séparation des patrimoines?

Tout le patrimoine du défunt, sans distinction, est sujet à l'action des créanciers, soit qu'ils réclament la préférence sur l'ensemble des valeurs héréditaires, soit qu'ils exercent leur droit sur quelques-unes seulement. Presque toujours ils s'attaquent ainsi à des objets individuels et surtout à des immeubles; les meubles exposés à la confusion, garantis par la prescription de trois ans, échapperont bien plus tôt à leurs poursuites.

Ils n'ont aucun droit sur les biens rapportés après avancement d'hoirie (art. 857); car ces biens ne rentrent dans la masse héréditaire que dans l'intérêt des cohéritiers. S'ils arrivaient à les faire vendre à leur profit, ce ne serait jamais qu'en argumentant de la saisine, et en se présentant comme créanciers personnels de l'héritier; mais la séparation des patrimoines est précisément la répudiation de cette saisine.

Les fruits échus ou perçus par l'héritier avant la séparation tombent dans son patrimoine personnel; on ne peut plus les considérer comme valeurs mobilières dépendantes de la succession; nous avons répudié la célèbre maxime du Droit romain : *Fructus augent hæreditatem.* Les créanciers héréditaires n'auront sur eux aucune préférence à réclamer, quand même l'héritier ne les aurait pas encore consommés, car il est possesseur de bonne foi et gagne dès-lors les fruits au fur et à mesure de leur perception ou de leur échéance.

Les créanciers de l'héritier réclameront le montant des améliorations et des impenses faites par leur débiteur sur les biens de la succession; il ne serait pas juste qu'elle s'enrichît à leur détriment.

Comme il s'agit ici avant tout d'une question d'argent et que les biens litigieux doivent être vendus, nous pensons qu'il n'y a pas lieu de distinguer entre les impenses nécessaires, utiles ou voluptuaires. — Les propriétés seront vendues telles qu'elles se trouvent; puis des experts estimeront l'augmentation de prix due aux travaux ou aux embellissements effectués par l'héritier; cette somme sera remboursée à ses créanciers personnels.

Si, au lieu d'améliorer ou d'augmenter seulement, l'héritier avait changé la nature de certains objets de la succession, s'il avait fait construire, pour prendre l'exemple familier de la loi romaine, un vaisseau avec des arbres abattus sur les propriétés du défunt, les créanciers héréditaires seraient déchus de leur droit; ils ne pourraient plus faire saisir et vendre les objets ainsi transformés; jamais ils n'ont appartenu à la succession; — les arbres qui en faisaient partie sont détruits. — Ils n'existent plus entre les mains de l'héritier comme l'exige l'art. 880; ils se sont confondus, si on le veut, avec son propre patrimoine, et d'une manière si intime qu'ils ne sauraient plus en être détachés.

Quand les créanciers du défunt viennent demander la séparation, il faut que les choses soient encore entières. Cette condition est complexe; elle en renferme deux autres : il faut : 1°, que l'héritier n'ait pas disposé des biens; 2°. que les meubles de la succession ne se soient pas mêlés avec les siens, de telle sorte qu'il soit impossible de constater leur identité.

1°. — Et d'abord la vente d'un effet de la succession éteint l'action des créanciers séparatistes, qui ne peuvent plus les suivre entre les mains des tiers détenteurs; c'est la raison d'ordre public qui l'exige; car les acquéreurs ont traité non seulement avec le possesseur de bonne foi, mais avec le véritable propriétaire; ils ne pouvaient connaître les chances de résolution qui menaçaient son droit, puisque les créanciers de la succession ne s'étaient pas encore ostensiblement manifestés.

L'aliénation cependant est-elle frauduleuse? les créanciers préjudiciés invoqueront l'art. 1167 comme ils l'auraient fait contre le
défunt lui-même. Si le contrat est à titre onéreux, ils devront
prouver que l'acquéreur a connu simultanément l'insolvabilité de
l'héritier et celle de la succession : cette double circonstance suffira
pour établir la collusion. — Que si l'héritier avait donné seulement
à titre gratuit, connaissant pleinement l'insuffisance de l'actif de
la succession, le donataire serait évincé, malgré sa bonne foi, car
il combat pour effectuer un gain. — Au reste, cette marche ne sera
pas utile aux légataires qui auront inscrit sur les immeubles l'hypothèque de l'art. 1017; ils s'adresseront directement à l'acquéreur
et le forceront de payer ou de délaisser leur gage.

Quand l'héritier a vendu la totalité ou une partie seulement de
la succession dans son ensemble, *in universum jus,* l'acquéreur
est obligé d'acquitter les charges; il n'y a de biens que dettes
déduites et l'héritier n'a pu lui transmettre plus de droits qu'il
n'en avait lui-même. Les créanciers du défunt pourront donc l'attaquer directement et même demander contre lui la séparation des
patrimoines; il est vrai que l'héritier reste encore personnellement
obligé par l'effet de la saisine, mais ils devront bien se garder de
le poursuivre : en l'acceptant de la sorte pour débiteur, ils encour-
raient déchéance de leur privilége.

Nous assimilons à l'aliénation les gages et les priviléges spéciaux
que l'héritier a concédés sur les meubles depuis l'ouverture de la
succession; — les créanciers du défunt ne pourront porter préjudice
à ces nantissements.

Mais il en sera tout autrement de l'antichrèse. Si l'on ne peut im-
poser au créancier qui reçoit un gage mobilier l'obligation d'en
vérifier l'origine, la filiation des immeubles est au contraire facile
à constater. C'est à l'antichrésiste d'examiner, avant d'accepter la
garantie qu'on lui offre, les droits de son débiteur. L'art. 2091
déclare que tout ce qui est statué relativement à ce contrat ne pré-
judicie point aux droits des tiers.

Les meubles prêtés ou donnés en dépôt par l'héritier pourront être réclamés par les créanciers séparatistes sans indemniser les tiers détenteurs. Exceptons toutefois le dépositaire qui réclamerait le remboursement des frais faits pour la conservation de la chose; car il est par là même quasi-créancier de la succession.

Après l'aliénation, le droit de séparation qui disparaît en ce qui concerne l'immeuble lui-même, se transporte de plein droit sur le prix encore dû. L'ancienne jurisprudence admettait ce principe malgré les termes de la loi romaine, beaucoup plus impérative en ce point que l'art. 880 du Code civil. *Ab hærede venditâ hæreditate*, disait le texte, *separatio frustrà desiderabitur.* — Quel but se proposent, en effet, les créanciers de la succession? Ils veulent réaliser toutes les valeurs en argent ; dès-lors, au lieu de neutraliser leurs droits, la vente préalablement consommée doit au contraire en favoriser l'exercice. L'art. 747 substitue à la chose le prix non encore payé, en faveur de l'ascendant qui aspire surtout à recouvrer le bien en nature; à plus forte raison faut-il admettre ici la même solution.

Le prix est payé quand l'héritier en a disposé même sans avoir reçu les deniers, par exemple, quand il a compensé avec l'acquéreur, quand il a délégué sa créance à un tiers. — Les saisies-arrêts de ses créanciers personnels, suivies d'un jugement qui en déclare la validité, équivalent aussi à un versement effectif.

Le paiement fait à l'héritier ne libère pas toujours l'acquéreur vis-à-vis des créanciers de la succession. Tant qu'il ne s'est pas écoulé six mois depuis le décès, les créanciers ont le droit d'inscrire conformément à l'art. 2111. — Cette formalité accomplie, si les deniers ont été versés antérieurement à leur propre préjudice, soit aux mains des créanciers hypothécaires inscrits sur l'immeuble du chef de l'héritier, soit à cet héritier lui-même qui les a dissipés, ils forceront l'acquéreur de payer une seconde fois. L'aliénation est sans doute irrévocable; mais le droit des créanciers séparatistes existe sur le prix, à l'égard de tous, et de l'acquéreur lui-même, qui ne saurait le rendre illusoire par un paiement intempestif et prématuré. — Il en sera de même quoique les créanciers de la succession n'aient pris inscription qu'après la vente, s'ils l'ont fait dans le délai de la loi; — mais après l'expiration des six mois, l'acquéreur paiera sans danger soit à l'héritier, soit à ses créanciers personnels. L'inscription tardive ne rétroagit plus; elle ne détruira pas les effets du paiement réalisé.

Pour éviter toute surprise, l'acquéreur devra consigner; quoique la consignation soit équivalente à un paiement, elle laissera subsister cependant le droit des créanciers de la succession; — car l'argent est encore disponible, et il n'y a lieu de craindre aucune confusion.

Les mêmes principes s'appliquent à l'aliénation forcée. Si les créanciers de l'héritier font saisir les biens de la succession, tant que les 6 mois ne sont pas expirés, les créanciers du défunt peuvent prendre inscription et empêcher toute distribution du prix à leur détriment. Peu importe d'ailleurs que les biens de la succession et ceux de l'héritier aient été confondus dans une saisie collective, s'il existe des éléments suffisants de ventilation, si l'on peut déterminer encore à l'aide d'experts la part du prix total qui correspond aux valeurs héréditaires. Autrement les créanciers de la succession seront écartés; — on leur opposera la confusion. — A plus forte raison seraient-ils déchus, si, appelés à l'adjudication, ils l'avaient laissé consommer en leur présence sans former opposition; ils auraient par là même accepté l'héritier pour débiteur.

L'action des créanciers sur le prix se prescrit par 3 ans à compter de l'aliénation; en substituant le prix à l'immeuble, on ne change pas la nature mobilière des deniers; ils restent donc soumis à la règle générale de l'art. 880. Il n'est pas nécessaire, comme on l'a dit, pour appliquer ce texte, que les valeurs mobilières aient fait partie de la succession dès l'origine; la lettre de la loi n'implique nullement cette restriction; d'ailleurs, pour régler les conditions de la prescription, c'est au moment où se forme la demande interruptive qu'il faut considérer le caractère du droit.

Que décider lorsqu'au lieu de vendre, l'héritier échange les biens? ceux qu'il acquiert à leur place leur seront de plein droit subrogés. Nous ne considérons en cette matière que des valeurs abstraites, et non les objets en nature.

Si l'objet reçu en échange était un immeuble et qu'il fût grevé d'hypothèques, les créanciers de la succession seraient forcés de l'accepter en cet état; ils n'auraient pas le droit de se retourner contre le coéchangiste pour le contraindre à donner main-levée ou faire prononcer contre lui la résolution du contrat; — car ils sont obligés de respecter les aliénations accomplies de bonne foi par l'héritier.

Lorsque l'héritier poursuivi par ses créanciers, leur abandonne en paiement un immeuble de la succession, les choses se passent comme s'il y avait eu aliénation volontaire à titre onéreux.

Supposons que le défunt ait vendu lui-même un immeuble à son héritier présomptif; — il n'y a plus dans sa succession qu'une simple créance du prix. Par l'effet de la séparation, cette créance revit; la confusion que la saisine avait produite est anéantie au profit des créanciers demandeurs; mais là se borne leur droit; pour le recouvrement de ce qui leur est dû, ils viendront en concurrence avec les créanciers personnels de l'héritier; — nous supposons, bien entendu, qu'ils ont perdu à la fois le privilége du vendeur et l'action résolutoire à défaut de paiement; — inutilement ils invoqueraient la séparation des patrimoines pour emporter à leur profit le prix de l'immeuble exproprié sur l'héritier; car ce bien ne fait plus partie de la succession.

Les créanciers de la succession ont le droit d'exercer toutes les actions en reprise, à l'aide desquelles l'héritier lui-même pourrait y faire rentrer certaines valeurs. — Et ils jouissent de cette prérogative à l'exclusion des créanciers personnels.

D'abord les meubles perdus ou volés pourront être revendiqués par eux dans le délai de la loi entre les mains des tiers détenteurs (C. Nap., art. 2279).

Si l'héritier a vendu un immeuble et qu'il puisse faire prononcer la nullité du contrat pour cause d'erreur, de violence ou de dol, les créanciers de la succession poursuivront de son chef et feront rentrer l'objet indûment aliéné.

Ils argumenteraient aussi valablement de la lésion, quand même elle serait inférieure aux 7/12 de la valeur réelle, si l'héritier était mineur.

2°. Les meubles quoique non aliénés, échappent à la séparation des patrimoines, s'ils ont été confondus avec ceux de l'héritier. Nous ne parlons pas ici de la confusion de droit qui s'opère par le seul effet de la saisine, mais d'une confusion de fait, telle qu'on ne puisse la faire cesser en établissant l'identité des objets héréditaires. Favre donne pour exemple du blé mélangé avec celui de l'héritier, ou de l'argent versé dans ses coffres, pêle-mêle avec ses propres deniers.

La seule réception d'une somme appartenant à la succession, n'opérerait point déchéance au profit des créanciers du défunt contre ceux de l'héritier qui l'aurait touchée, si, par exemple, cette somme avait été placée immédiatement chez un banquier avec l'indication de sa provenance.

La confusion partielle n'entraîne pas déchéance du droit de séparation sur les valeurs encore faciles à distinguer; divisible entre ceux qui l'exercent, ce droit l'est également quant aux biens qui lui sont soumis.

La distinction des effets mobiliers décrits dans un inventaire et prisés par des experts, ne saurait empêcher l'héritier pur et simple de les employer à son gré, ou de les transformer de manière à les rendre méconnaissables; — alors les créanciers séparatistes seront déchus de leurs droits; l'inventaire ne suffit pas en effet pour prévenir

la confusion ; — il faudrait de plus faire vendre les meubles et consigner le prix. — On a soutenu que la prisée rendrait l'héritier
débiteur de la valeur estimative, et que les créanciers de la succession pourraient toujours écarter, même sur ses biens propres, ses
créanciers personnels jusqu'à concurrence de cette somme ; mais
nous ne saurions adopter une telle théorie. L'estimation, en ce cas,
n'équivaut point à une vente. Comment l'héritier acquerrait-il ce
dont il est déjà propriétaire ?

V.

Comment se forme la demande et quelles sont les formalités préalables en ce qui concerne les immeubles ?

La séparation existe de plein droit quand toutes les conditions
légales sont remplies ; le rôle du juge se borne à la constater ; il
n'est pas maître de l'accorder ou de la refuser en appréciant l'insolvabilité relative de l'héritier et de la succession.

Aussi presque toujours est-elle demandée par voie d'exception
accessoirement à d'autres poursuites ; c'est un moyen que font valoir
le plus souvent les créanciers du défunt à l'ordre ouvert pour la
distribution du prix des immeubles afin d'obtenir la préférence dans
les collocations.

Ce n'est point cependant une simple exception de procédure ;
elle se lié au fonds du droit et peut être proposée pour la première
fois en appel. — En première instance, après avoir demandé inutilement la préférence sur les créanciers de l'héritier en vertu d'une
hypothèque spéciale que le tribunal n'aurait point admise, les
créanciers du défunt pourraient opposer encore la séparation des
patrimoines sans craindre l'autorité de la chose jugée.

Nous savons déjà que, pour les immeubles, la loi prescrit avant la demande une condition spéciale, l'inscription. L'effet de cette inscription est de résoudre les hypothèques antérieurement consenties par l'héritier, lorsqu'elle est prise dans les six mois du décès, de mettre obstacle à la concession ou même à l'inscription d'hypothèques nouvelles, lorsqu'elle a lieu seulement après l'expiration de ce délai.

Il suit de là que l'inscription n'est pas nécessaire quand l'héritier n'a que des créanciers chirographaires ou des créanciers hypothécaires non inscrits eux-mêmes.

Au cas d'aliénation, lorsque le droit des créanciers du défunt se transporte sur le prix, le délai de six mois n'est pas abrégé. Il n'est pas nécessaire de s'inscrire dans la quinzaine de la transcription, aux termes de l'art. 834 du Code de procédure ; tant que les six mois ne sont pas expirés, l'inscription est valable et produit tous ses effets. L'art. 834 est exclusivement relatif au droit de surenchère, et comme nous refusons cette prérogative au créancier du défunt, la déchéance prononcée ne saurait lui être applicable. Quant au droit de se présenter à l'ordre sur convocation spéciale de l'acquéreur, et d'obtenir l'emport des deniers à son profit, le même art. 834 le réserve formellement pour le vendeur et les copartageants privilégiés ; or, ceux-ci sont dans la même situation que les créanciers du défunt ; ils ont également pour s'inscrire un délai de rigueur. Si l'art. 834 ne parle pas de la séparation des patrimoines, c'est qu'il ne la considère pas comme un privilége ; — mais il y a même raison de décider.

Le délai de six mois n'est fatal que pour l'inscription. Celle-ci une fois prise en temps utile, la demande pourra toujours être formée, comme le dit l'art. 880, tant que les immeubles resteront entre les mains de l'héritier. C'est à tort que l'on a voulu voir une contradiction entre ce texte et l'art. 2111 ; ils se concilient sans peine ; — vainement on dirait avec M. Merlin que, l'inscription devant être prise par ceux qui demandent la séparation, il doit y avoir coïncidence entre ces deux formalités ; — il ne faut pas scinder le texte ; or, l'art.

2111 ajoute que les créanciers doivent demander la séparation conformément à l'art. 878; c'est assez dire qu'il n'entend déroger en rien aux conditions prescrites par celui-ci et par les articles suivants qui en sont la conséquence et le développement. Les expressions *qui demandent* doivent être considérées comme synonymes de celles-ci qui ont le droit de demander.

L'inscription doit être prise contre tous les créanciers de l'héritier en général, sans qu'il soit besoin d'en désigner aucun. — Elle énonce la date du décès et le but dans lequel elle est requise, la conservation du droit de préférence concédé aux inscrivants par l'art. 878 du Code civil.

Mais toutes les formalités prescrites par l'art. 2148 ne sauraient être exigées; par exemple, le conservateur ne demandera ni un titre authentique, ni un original en brevet, puisque le droit d'inscrire appartient même aux créanciers chirographaires.

Plusieurs créanciers peuvent inscrire collectivement; ils y ont intérêt; car ils éviteront de la sorte des frais frustratoires et la multiplicité des droits; toutefois cette inscription n'établira entre eux aucune solidarité, et ils conserveront toujours leur indépendance mutuelle.

Chacun d'eux est obligé d'élire domicile dans l'arrondissement du bureau pour que les tiers puissent facilement lui adresser les notifications légales.

L'inscription devra désigner individuellement chaque immeuble, préciser sa nature et sa situation. L'art. 2111 l'exige textuellement et ses prescriptions sont conformes aux principes généraux de notre régime hypothécaire. Il faut bien d'ailleurs que les créanciers de la succession connaissent les biens qu'ils veulent faire séparer du patrimoine de l'héritier.

VI.

Quels sout les effets de la séparation obtenue ?

Nous les envisagerons :

1°. Entre les créanciers de la succession dans leurs rapports mutuels ;

2°. A l'égard des tiers et des créanciers de l'héritier. Nous ne parlons pas de cet héritier lui-même ; — pour lui la saisine demeure intacte et les obligations personnelles qu'il a contractées en acceptant ne subissent aucune altération ; il est en dehors de cette lutte qui s'engage uniquement entre ses créanciers communs.

1°. — Effets de la séparation entre les créanciers de la succession.

Leurs droits respectifs demeurent tels qu'ils existaient à la mort de leur débiteur ; ils s'exercent comme si l'héritier n'avait pas de créanciers personnels, comme si la succession était vacante et qu'elle fût liquidée par un curateur.

Ceux qui auraient pris avant les autres l'inscription de l'art. 2111 ne sauraient s'en prévaloir ; on appellera d'abord les créanciers privilégiés ou hypothécaires, puis les chirographaires, enfin les légataires qui viennent en dernier ordre, malgré l'hypothèque de l'art. 1017. Il n'y a de biens disponibles entre les mains du testateur qu'après l'acquittement des charges, et, si le législateur a subordonné l'application de ce principe aux conditions prescrites pour obtenir la séparation des patrimoines, il n'exige rien de plus. Quand la séparation existe, les légataires ne peuvent être payés tant qu'il y a encore des créanciers ; leur hypothèque ne grève que l'actif dégagé, affranchi de toutes les dettes de la succession.

Il peut arriver que plusieurs créanciers héréditaires aient seuls accompli les formalités légales, que les autres aient négligé ce droit ou encouru des déchéances. La liquidation s'effectuera cependant comme si tous concouraient à la fois; seulement les créanciers séparatistes conserveront leur dividende intact et à l'abri de toutes poursuites, les autres, au contraire, seront obligés de le partager avec les créanciers de l'héritier; — quelquefois même ils devront le leur abandonner entièrement, si ces derniers ont acquis depuis l'ouverture de la succession des hypothèques inscrites en temps utile. Supposons une succession immobilière valant 30,000 fr. et deux créanciers chirographaires de 20,000 fr. chacun. Le premier demande la séparation des patrimoines, l'autre laisse passer les délais de l'art. 2111, et, pendant ce temps, l'héritier hypothèque les immeubles à Paul, son créancier personnel ; puis ses immeubles sont vendus. Le créancier séparatiste recevra la moitié de l'actif, c'est-à-dire 15,000 fr., puisque sa créance constituait la moitié du passif; le reste sera versé entre les mains de Paul et l'autre créancier de la succession n'aura plus rien à recevoir. — Que si ce dernier avait une hypothèque non inscrite encore au moment du décès et que Paul eût inscrit avant lui, le créancier séparatiste recevrait également ce qu'il aurait dû toucher si la succession se fût liquidée sans intervention étrangère, c'est-à-dire 10,000 fr. seulement, et les 20,000 fr. qui forment l'excédant appartiendront à Paul. Le créancier du défunt non payé ne pourrait se retourner contre son concurrent; s'il éprouve un préjudice, il ne doit l'imputer qu'à sa négligence : on lui opposerait avec raison l'art. 1382 du Code civil. — Ce système a été critiqué. Les créanciers de l'héritier, a-t-on dit, ne doivent jamais bénéficier de la succession, avant que les créanciers du défunt soient pleinement désintéressés; — sans doute, mais à une condition, c'est que ceux-ci aient demandé, chacun en ce qui le concerne, la séparation. — A la mort du débiteur son patrimoine s'est trouvé fixé comme celui du failli qui suspend ses paiements, et, si la succession était

insolvable, les droits de tous les créanciers se sont proportionnel-
lement réduits. En réalité, dans la première hypothèse ci-dessus
énoncée, le créancier séparatiste n'avait plus droit qu'a 15,000 fr.
au lieu de 20,000 qui constituaient la valeur nominale de son titre.
La séparation des patrimoines ne saurait ajouter à sa créance ainsi
dépréciée une valeur qu'elle a perdue.

Le créancier de la succession qui n'a pas usé du bénéfice de la
loi ne peut évidemment faire valoir contre les créanciers séparatistes
les hypothèques qu'il tient de l'héritier, ni celles qu'il aurait inscrites depuis le décès, après avoir fait constater judiciairement sa
créance. On n'admet à lutter sur les biens séparés que les droits
consentis par le défunt lui-même, dans l'ordre que leur assignent
leurs qualités respectives.

2°. Effets de la séparation à l'égard des tiers et des créanciers de l'héritier.

Ils rétroagissent jusqu'au jour du décès, mais dans une hypothèse
seulement, lorsqu'il s'agit d'immeubles et que l'inscription a été
prise dans les six mois : alors : 1°. les hypothèques qui émanent de
l'héritier s'évanouissent, et cessent d'être opposables aux créanciers
de la succession ; cependant elles ne sont pas détruites d'une manière
absolue ; — car, ces créanciers une fois désintéressés, elles repren-
nent leur rang contre tous autres, à la date de leurs inscriptions.

2°. Les acquéreurs des immeubles qui auraient versé prématu-
rément leur prix pourront être forcés de payer une seconde fois,
mais les créanciers du défunt n'auront pas contre eux le droit de
surenchère : déjà nous avons expliqué ce point.

L'inscription est-elle postérieure aux six mois ? quelle que soit
alors la date de la demande, ses effets ne rétroagiront plus.

Quant aux meubles, à quelqu'époque que la demande soit formée,
les droits antérieurement concédés par l'héritier seront maintenus,

6

soit qu'il ait affecté ses meubles spécialement à titre de gage, soit qu'il les ait vendus et qu'il en ait touché le prix.

Les droits de l'héritier qui s'étaient anéantis par la confusion, renaissent sur la succession séparée. S'il était créancier du défunt, il réclamera le montant de ce qui lui est dû, ou plutôt ses créanciers personnels viendront exercer au détriment de la masse héréditaire les droits qu'il aurait fait valoir lui-même, s'il était resté étranger à la succession. — Réciproquement les créanciers de celle-ci agiront comme si aucune confusion n'avait eu lieu ; si, par exemple, un créancier qui avait l'héritier pour débiteur principal et le défunt pour caution seulement vient concourir avec eux, ils lui opposeront toutes les exceptions que la loi donnait à leur auteur ; — ainsi ils auront le droit de le renvoyer discuter au préalable le patrimoine de l'héritier.

Tant que les créanciers séparatistes ne sont pas intégralement soldés, ceux de l'héritier ne peuvent toucher à la succession ; mais, après la liquidation définitive, l'actif, s'il en reste, devient immédiatement leur gage ; ils ont le droit de le faire saisir et vendre comme les autres biens de leur débiteur. De leur côté, les créanciers du défunt qui n'ont pas été payés complètement sur la succession insolvable peuvent-ils revenir sur les biens de l'héritier ?

Trois systèmes sont en présence :

Le premier leur refuse tout recours, même quand les créanciers personnels sont désintéressés. Mais cette théorie n'est plus aujourd'hui qu'un souvenir historique. Nous la trouvons au Digeste, dans un fragment du jurisconsulte Paul. S'attachant à la rigueur des termes, il voulait que la séparation fût complète et définitive, que les deux patrimoines, isolés l'un de l'autre, ne pussent plus se réunir. Les créanciers de la succession, disait-il, ont abdiqué les droits que leur donnait l'adition d'hérédité, et ils ne peuvent plus en conséquence s'en prévaloir : *recesserunt à personâ hæredis.* — Nous admettons, au contraire, comme principe certain que la séparation n'a d'effet qu'entre les créanciers ; — qu'au respect de l'héritier, la saisine continue d'exister, et que, par suite, après la liquidation et l'épuisement de la succession, les créanciers ont encore un principe d'action contre lui.

Mais on se divise sur l'étendue de ce droit.

Les uns veulent, et c'est le second système, que les créanciers de la succession soient payés concurremment avec ceux de l'héritier. La loi leur accorde une préférence, mais elle ne leur enlève pas pour cela les prérogatives qu'ils tenaient du droit commun. Or, l'acceptation pure et simple les rendait créanciers personnels de l'héritier ; ils peuvent donc exercer leurs droits sur son patrimoine, comme ils l'auraient fait sans la prérogative qui leur est offerte, et ils viendront au marc le franc.

Nous ne saurions adopter cette doctrine : on part d'un faux principe en voyant dans la séparation des patrimoines la création d'un privilège nouveau ; elle maintient au contraire les droits primitifs et elle assure aux créanciers respectifs de la succession et de l'héritier leur paiement intégral sans que les effets de la saisine puissent leur porter préjudice. — Nous comprenons aisément que la saisine existe encore au profit de l'héritier, quoique cependant elle ne produise plus effet entre les créanciers. Le droit offre plus d'un exemple de ces situations relatives qui changent selon la personne vis-à-vis de laquelle on les envisage ; — mais entre les créanciers, on ne concevra pas assurément que la séparation puisse à la fois exister et n'exister pas, que les créanciers de la succession, après l'avoir invoquée pour repousser ceux de l'héritier, viennent la répudier ensuite, afin de concourir avec eux. Il y aurait là contradiction, antinomie. Parmi les jurisconsultes romains, ceux qui laissaient les créanciers de la succession recourir contre l'héritier, déclaraient sans exception que ce recours ne saurait nuire aux créanciers personnels non encore payés ; la même solution était admise sous l'empire de l'ancienne jurisprudence. Pour déroger à ces traditions unanimes et aux principes équitables sur lesquels elles reposent, il faudrait un texte formel; et nous le cherchons inutilement dans le Code. — L'art. 724 défend bien aux créanciers de la succession de réclamer la séparation des patrimoines, mais il n'implique pas qu'ils ne pourront en profiter, quand elle aura été demandée par qui de droit.

Le droit des créanciers séparatistes est indivisible. S'il y a plusieurs cohéritiers, l'action exercée contre chacun d'eux frappera la totalité des biens qui se trouvent entre ses mains, quoique, par l'effet de la division des dettes, il ne fût chargé de payer qu'une somme inférieure à leur valeur. — La séparation des patrimoines est en effet un droit réel, distinct de l'obligation contractée par les héritiers en vertu de l'acceptation pure et simple. C'est à cette obligation accessoire et additionnelle que se réfèrent exclusivement les principes de l'art. 873. Mais la créance primitive contractée par le défunt avait affecté d'un gage tacite tous ses biens présents et à venir (Code Nap., art. 2093). La séparation des patrimoines est l'exercice de ce gage, et ses effets doivent être indivisibles comme lui. Elle reconstitue la succession et rétablit les choses au même état que si l'acceptation n'avait pas eu lieu. — Autrement, il faudrait laisser dans les mains de l'héritier ou de ses ayant cause des biens provenant de la succession, tandis que les créanciers de celle-ci perdraient une partie de ce qui leur est dû, et il n'y aurait aucun moyen pour eux d'obvier à ce danger, puisque la division des dettes s'opère de plein droit; or, ce résultat est inadmissible.

Vu :

A. DE BOISLAMBERT.

Permis d'imprimer :

Le Recteur,

DESROZIERS.

JUS ROMANUM.

DE SEPARATIONIBUS.

Qui defuncto, jure hæreditario, succedit propria bona auctoris cum patrimonio permiscet. Simili modo extinctæ personæ obligationes in eum transeunt; igitur, si non est solvendo, proprii creditores cum creditoribus hæredis idem in patrimonium corruentes, horum deteriorem faciunt conditionem.

His antiquo jure admissis, prætor primævæ legis asperitatem correxit, defunctique ità indulsit creditoribus, ut bona hæreditaria separarent et pretio, exclusis aliis, fruerentur.

Quodquidem beneficium non obtinet, si venditio hæreditatis bonorumque hæredis simul non fiat, vel creditores hæredis latitantis in possessionem ejus bonorum non missi fuerint.

Similiter et quùm filiifamilias peculium castrense cæteris permixtum bonis veneat, castrenses creditores, eorum qui cum debitore, antequàm militaret, contraxerunt, decreto prætoris elidunt jura et separatim peculium discutiunt. Quùm liberta hæres instituta possessionem secundùm tabulas petiit et sic ultrà vires obligatur, posteriùsque ob ingrati animi scelus rursùm in servitutem redacta est, pa-

tronus, illius bona vindicans, separatione quâdam à testatoris creditoribus præmuniri potest. — Ità quidem et substitutus pupillariter
bona pupilli à patris ipsius hæreditate distinguet, si non adiit pupillus,
vel per restitutionem abstinuit.

De separatione hæreditariâ tantùm hic disserere opus est; vide-
bimus :

Qui impetrare possint.

Quamdiù et quomodò datur.

Qui sint ejus effectus.

I.

Qui impetrare possint?

Omnes hæredis creditores, licet nec pignus nec hypothecam antè
mortem consecuti fuerint, ad bonorum separationem admittuntur.

Item et illi quibus ex die vel sub conditione debetur : quamvis
enim pecuniam nondùm jure poscere liceat, ipsis tamen communi
consulctur cautione.

Separatim quidem vel collectivè decretum prætoris impetrare fas
est. Si quibusdam tantùm concessum fuerit, alteris nec prodesse po-
terit, nec nocere. — Qui priores autem jus separationis obtinuerunt
posterioribus non præferentur, cùm, effectâ bonorum venditione,
pretii dispensatio fiet; sed omnes simul concurrent, nisi quoddam
intersit privilegium aut pignus.

Legatariis quoque datur illud beneficium, sed in câ tantùm parte
quæ superest, dimissis successionis creditoribus.

Adversùs omnes decernit prætor, etiam fiscum vel municipes.

Jus autem amiserunt qui cum hærede, novandi animo, stipulati
sunt, licet prius debitum non mutaverint; etiamsi, exempli modo
satisdationem exegerint ab hærede vel hypothecam in propriis bonis,
nec cautionum istarum auxilio omne debitum fuerint consecuti. —

Stipulatio propriè dicta non exigitur; pactum aliquod sufficiet; non enim de jure antiquo agimus, sed de prætoriâ, id est bonæ fidei priorumque subtilitate temporum exemptâ institutione.

Novatio quibusdam creditoribus impleta, cæteris innocua manet.

Ex contrario hæredis creditoribus generaliter non indulget prætor ; — sibi enim imputare debent, si cum eo qui non erat solvendo contraxerunt; præpterea, licet alicui, adjiciendo sibi creditorem, creditoris sui deteriorem facere conditionem.

Rarò tamen accidit ut separatio illis concedatur: si quis, suspectam hæreditatem dicens, fideicommissarius, adire compulsus est, nec sit deindè cui bona restituat, quia decessit hæres, vel infans est aut non præsens, sicut et ipse separationem petere potest, ità et creditoribus ejus prætor annuet. — Quod verò quasi separationem tantùm vocat Ulpianus (Lege 6-ad Pand. h. t.). Quia non tam de distinctione bonorum agitur quam de rescisione aditionis.

Simili modo, minoris imprudenter immixti creditores, restitutionem impetrando, bona separabunt.

Præsertim, si quid dolosè ab hærede actum fuerit, extrà ordinem, edicto juvante Pauliano, creditores ipsius aditionis rescisionem obtinebunt. Quod quidem rarò evenict nec facilè admittetur; necesse enim esset collusione creditores defuncti simul arguere.

Hæres ipse separationem impetrat cùm sit necessarius, id est cùm servus, libertatis pretio heri testamento affectus, unà pessimam successionem recipere cogatur. Tùm, decreto prætoris, propria bona quæ posteriùs sibi comparabit, creditoribus patroni prohibitis, servat.

Hæredi suo abstinere, nec bona successionis tangere sufficiet.

Extraneo qui, maturiùs aditionem efficiens, jus deliberandi non petiit, proprio privilegio Justinianus, beneficium inventarii largitus est.

Si Primus Secundum hæredem scripsit, Secundus Tertium et Tertii bona veneant, Primi creditores adversùs creditores Secundi

Tertiique separationem impetrantes audiendi sunt; nec ità si Secundi petant adversùs Primi; horum enim respectu. non successionis. sed hæredis sunt creditores.

II.

Quamdiù et quomodò datur separationis beneficium?

Post quinquennium ex aditione, cùm hæres extraneus; ex morte defuncti, cùm necessarius vel suus fuerit, separatio frustrà desiderabitur. Confusa enim bona creditoribusque hæredis acquisita post congruum tractum temporis lex haberi voluit.

Nec discrimen inter mobilia et fundos quoad prescriptionis illius lapsum.

Quasdam conditiones à defuncti creditore probandas ut separationem efficere liceat nos docent leges 1 § 12 et 2 § 1 Digestorum. h. t. Res salvas integrasque permansisse necesse est, defuncti scilicet mobilia cùm hæredis propriis non permixta. nec bona successionis alienata.

Ea debet esse confusio mobilium quæ nullo modo cessare possit, veluti si permixtum sit frumentum defuncti aut vinum in horreis vel cellâ hæredis. Si verò mancipia extent, vel pecora, quamvis mobile corpus raro vindicetur. hæreditarii creditores distinguent. pretiumque separatim auferre licebit.

Quæ permixtio nunquàm obtinebit, si de fundis agatur. — Nisi tamen mobilia quædam ità solo vel parietibus infixa sint, ut partes illorum videantur, vel jure accessionis terra quædam defuncti propria hæredis campo adhæserit.

Alienata quoque bona creditores vindicare lex prohibet, nam quæ bonâ fide, medio tempore per hæredem gesta sunt, rata conservari solent.

Nec opportet ut hæreditas in universum jus vel corpora tantùm quædam distrahantur.

Cæterum, si fraudem comprobarent defuncti creditores, omisso emptoris jure, rursùs, ipsis petentibus, hæreditarium veniret negotium.

Alienationi simile dicas, si hæres proprio creditori bona successionis in solutionem dedit; non verò, si pignori vel hypothecæ bona subjecit; fidem enim obligando non præjudicat separationibus, pignusque obligationis accessorium videtur.

Omnia quæ necessaria diximus ad separationem an impleta sint scrutatur prætor vel præses provinciæ, petentibus defuncti creditoribus.

Extrà ordinem fit decretum; judici separationem sponte pronuntiare non licet eique nunquàm jus illud delegatur.

III.

Qui sint separationis effectus?

Primus et necessarius erit effectus quòd creditores defuncti hæredis creditoribus in pretii distributione præferentur.

Omnem in hæreditatem jus separationis exercetur. Si quid defunctus hæredi crediderit, debitum omissâ confusione renascetur, hæreditariique creditores, pretium operis facient, solutionem exigentes; quod autem sic intelligendum, debitum minui pro ratâ parte, si hæres non est solvendo.

Fructus quoque separabuntur; nam hæreditatem augent et ad universitatem juris accedunt.

Concessa ab hærede pignora vel hypothecæ, quamvis antè separationem, evanescunt: in præteritum enim prætoris decreti vis extenditur.

QUÆSTIONES.

I. Separatione impetratà, cum hæreditas non est solvendo, an creditores defuncti propria hæredis bona vendere possint, dimissis ipsius creditoribus?

Puto.

II. Quomodò differant separatio hæredi necessario data, beneficiumque abstentionis ad hæredem suum pertinens?

Effectu et formâ.

III. Individuum ne sit in bonis hæredis jus separationis?

Arbitror.

IV. An vendito hæreditario corpore, in pretium separationem obtinere possint creditores defuncti?

Decretum prætoris denegatur.

Visa :

A. DE BOISLAMBERT.

Typis mandetur :

Academiæ Rector,

DESROZIERS.

Caen, Imp. de A. Hardel.